tredition®

www.tredition.de

AF185413

Ralf Göhrig

Ralf Göhrig
aus Jestetten am Hochrhein, Jahrgang 1967, veröffentlicht nach seinen Cornwall-Krimis „Kopflos in Cornwall", „Mörderischer Sturm" und „Jerusalem" seinen ersten Gedichtband „Purpurne Zeit" mit lyrischen Texten aus den Jahren 1984 bis 2014.

Ralf Göhrig

Purpurne Zeit

Gedichte
1984 - 2014

www.tredition.de

1. Auflage
Juli 2014
© 2014 Ralf Göhrig

Satz und Layout:
Carla Gromann, Ralf Göhrig

Verlag: tredition GmbH, Hamburg

ISBN: 978-3-8495-8431-3 (Paperback)
ISBN: 978-3-8495-8432-0 (Hardcover)
ISBN: 978-3-8495-8433-7 (e-Book)

Printed in Germany

Bibliografische Information der Deutschen Nationalbibliothek: Die Deutsche Nationalbibliothek verzeichnet diese Publikation in der Deutschen Nationalbibliografie; detaillierte bibliografische Daten sind im Internet über http://dnb.d-nb.de abrufbar

Inhaltsverzeichnis

Für Petra

Aufbruch

5 Uhr früh

5 Uhr früh
der Tag erwacht
so sattle ich mein Pferd
und reite weg
nach irgendwo

Denn in der Ferne
kann ich die Heimat fühlen
in den größten Tiefen
die schönsten Höhen erleben
wo Weisheit ist
ist Gefühl zu spüren
und hinter der prickelnden Lust
wartet der Tod

Abschied

Die südlichen Tage
sie fließen dahin
Stunde um Stunde
Woge um Woge
Jahr um Jahr

Bald schwimmst du oben
bald sinkst du hinab
Manche Stunde versuchst du zu halten
mancher Stunde versuchst du zu entflieh'n

Doch die Zeit
fließt
gleichmäßig
unaufhaltsam
dahin

Bald kommen die sonnigen Tage
bald fällt Regen in das Heu
und immer wieder
ziehen neue Tage
aus der Unendlichkeit heran
um irgendwo
die Ewigkeit zu füllen

Die Regenwolken ziehen weiter
Die Glut im Herzen bleibt

Abschied II

Ein langer Weg – regendurchnässt
ein warmer Abend im unnahbaren Glanz
ein goldner Tag – grüne,
                    schneebedeckte Erde
ein langer Blick im lauen Wind
ein kurzer Hauch – ein Weg zurück

und nun vermisse ich die Glut
des warmen Feuers

Heimkehr

Eines Tages werde ich
nach langer, schöner Fahrt
die Heimat wieder sehen

Die Brunnen – wie sie lebhaft sprudeln
die Bäche – klar und mächtig rauschend
die Täler – friedvoll, lieblich, eng
die Wälder – so geheimnisvoll und tröstend

Ich werde
durch die vertrauten Gassen schreiten
und die alten Häuser finden
und manches Gesicht der Jugendzeit erkennen

Dann werde ich
des Vaters Hof erreichen
den lieben Apfelbaum in
Mutters Garten
und eine süße Frucht verspeisen

Heute beginnt die purpurne Zeit

Der Tag bricht an und es beginnt
  die purpurne Zeit
die letzten Rudimente unserer
  Germanenwelt – ewigstolze
    Heldenseele
sind im tiefen Sumpf der
  Nostalgie versunken –
endgültig

Heute beginnt die purpurne Zeit!!!

Metamorphose

Hier steht mein schönes, altes Bett
und müde lege ich mich bald hinein
doch nach all den langen,
grünen Tagen
wird es dann zum letzten Mal
in meinem wundersamen Leben sein

Noch sitze ich
von vergang'nen Stunden träumend
den gold'nen Spiegel in der Hand
an meinem leeren Tisch
und nehme Abschied

Schwere Tränen rollen über
mein Gesicht
und ich weiß nicht
welchen Teil des Lebens ich beweine
die bunten Stunden
oder die Zeit
die man mir stahl

Ich sehe noch einmal
das spitze, scharfe Messer
langsam in meine Kehle dringen
blutroter Tod
im Morgengrau

eiskalter Gruß
im warmen Strom der Endlichkeit
Noch einmal
jenes sanfte Beben
leiser Hauch von Zärtlichkeit
das tiefe Glück
im Frühlingskleid
honigsüßer Kuss
am fernen Wendepunkt der Zeit

Die Nachtigall im Vollmondlicht
singt immer noch vom fremden Land
doch mich im Dunkel sieht sie nicht
hat mich noch immer nicht erkannt

Der Sternenhimmel ist verbrannt
die Luft nicht mehr zum Atmen da
der letzte Mond ertrinkt im Sand
ich weiß, nun ist das Ende nah

Dunkle Augen
dringen
in das kalte Glas
doch du machst
mir keine Angst mehr

Dort
ich kann den Sommer fühlen
ich rieche das frische Heu

Dort
in den unbekannten Armen
im Zauber der 7. Welt
Dort
ich weiß, ich werde kommen
ich weiß
Dort

Ungeduldig
nur mit Herz und Hund
verlasse ich dies Land
die Vergangenheit weit hinter mir
der neue Pfad
liegt unter meinen Füßen

Pilger

Der Weg ist weit
wo ist das Ziel
die Einsamkeit
und das Gefühl
frei zu sein
ganz ohne Zwang
tun und lassen
was ich will
und kann.
Die Frau zu finden
die mich versteht
die alle Wege mit mir geht
durchs dunkle Tal
der Höllenqual
hinaus ins helle Licht.
Wo ist die Hand
wo der Verstand
die mich führen
in das Land
wo ist das Herz
das bei mir bleibt
das mich tröstet
stets bereit
die Angst zu suchen
vor der Zeit
wo man uns findet
und enttarnt?

So zieh ich
nun auf dem Weg
so sandig
steinig
steil

Roter Mohn

Frei wie ein Vogel
leicht wie ein Schmetterling
schwebt eine Hoffnung dahin
durch trübe Tage und dunkle Nächte
eisige Fröste und brennendes Land
unbeirrt, Tag für Tag
denn irgendwo
ist das Land zu finden
wo Milch und Honig fließt

Sonnenfinsternis

Ich warte
auf das geheime Zeichen
das Erkennungssignal unter Gleichgesinnten
Komm
du wolkenperliges Wesen
nimm mich mit
ins Morgenland

Traumzeit

Blutrot leuchten jene Himmel
welche fern der dunklen Nacht
zahlenlos ist das Gewimmel
Elfen tanzen – jeder lacht

Schlösser wachsen auf den Feldern
aus Granit so stark und fest
und die Riesen aus den Wäldern
singen leise – Sonnennest

Dorthin
wo die Bilder reisen
Gedanken wandern
Tag um Tag
Dorthin
werde ich einst schweben
Dann
am Ende der Zeit

Vertrauen

Ein schmaler Pfad durch enges Tal
ein grüner Wald im sanften Licht
das Feuer brennt in meinem Herzen
magische Welt der Poesie
und Schritt für Schritt
lass ich mich treiben
das Ziel ganz fest
im Blick

Liebe,
Lust &
Leidenschaft

Zu spät

Ich sehe, wie du verbrennst
doch kann dich nicht retten
nur tränenlos weinen
nur fassungslos
daneben steh'n

Am Himmel schweben schwarze Schwäne
von hier nach dort
die haben keine Angst
die kennen keine Trauer

Maschinen laufen, zweckgerichtet
pausenlos, zu jeder Zeit
diese haben keine Skrupel
diese denken nicht

Grünes Gras wächst auf der Wiese
bunte Blumen – Frühlingsgruß
blühen froh am Wegesrand
und wissen nicht von ihrem Glanz

Ich kann dich nicht retten
weil ich dich
liebe

Zeitfenster I

Da sind Fenster in der Zeit
die sich öffnen
nur für kurze Augenblicke
einmalige Gelegenheit
die ungenutzt entschwindet
für alle Ewigkeit

Zeitfenster II

Jetzt ist die Zeit
kurze Tage nur
das Richtige zu tun
Lass die Stunden
nicht verstreichen

Zeitfenster III

Diese Blumen sind für dich
selbst gepflückt im grünen Forst
diese Zeilen und der rote Sekt
um dich zu verführen
es bleibt nur
kurze Zeit

Zeit des Erwachens

In deinen blauen Augen wohnt ein Lachen
ganz versteckt und hinter Schleiern und schläft
traurig fast

In deinen Augen wohnt ein Lachen
nichts ist so, wie es scheint

Ich will den Frühling riechen
sehen, wie das Leben explodiert

Komm,
lass mich an deinen Hals!

Verliebt

Turmhoch türmen tausend Glück
Turmhoch hinauf
Auf Adlerschwingen

Turmhoch türmen rote Worte
Turmhoch schweben
nur Du
und ich

Sharon

Die Jahre sind vergangen
dein Platz noch immer leer
der Himmel grau verhangen
das Warten fällt so schwer

Du warst mein Grund zum Leben
der leuchtend helle Stern
dir galt mein ganzes Streben
nun bist du mir so fern

Ich liebe dich noch immer
nach dieser langen Zeit
mein Herz vergisst dich nimmer
bist du auch noch so weit

Ich weiß an einem Morgen
kommst du zurück zu mir
dann enden alle Sorgen
denn du bist wieder hier

Rosmarin

Helle Sterne weisen
rotes Band der Zärtlichkeit
blaue Monde kreisen
Hoffnungsstrahl unendlich weit

Bäume grinsen schattenhaft
zagvoll
eilt
mein Blick

Grüntal auf Grüntal
zerfüllt
schleicht
mein Herz

Dort im tiefen See
schwimmt
mein
Schicksal

Rosen

Ich rieche Rosen
tausend rote Rosen
dornenbewehrt
blühen sie in unbeschreiblicher Pracht

Ich liebe Rosen
betörend, beschwörend
gefährlich verführerischer Duft

Purpurne Rosen
verwirren die Sinne
bei klarem Verstand

Und zaghaft
schleiche ich
bisweilen
am Rosenbeet vorbei

Nur ein Anfang

Es ist nur ein Anfang
ein zarter Hauch – wie Frühlingswind
nur zu erahnen
Zauber, der jedem Anfang Richtung weist
hör gut zu
und schließe deine Augen

Es ist ein Anfang
ungewisser Pfad mit unbekanntem Ziel
das blaue Licht und tausend Distelfalter
zeitlos
allumwoben

Nach dem Albtraum II

Am Morgen sah ich in den Spiegel
erschrak und erkannte mich kaum
gemartert, missbraucht und entstellt
gerade noch einmal davongekommen
Wie konnte so etwas gescheh'n?

Was wäre wohl möglich gewesen
mit Liebe, Geduld und Verstand?
Doch Torheit siegt meist
mit bitterer Konsequenz
Und das Leben ist kurz
nur der Tod dauert lang.
Zu spät
um glücklich zu sein

So schaue ich nun
in den silbernen Spiegel
schärfe mein Lächeln
kämm mein Haar.
Die Zähne sind weiß
glühende Augen.
Vorwärts mein Freund!

Das nächste Kapitel
folgt
bald.

Moderne Zeiten

Du bist schön
doch ich liebe dich nicht
deinen Körper schon
deinen Busen
deine Vagina

Du bist mir gleichgültig
da bin ich ehrlich
im mag an dir nur
dass du mich dich
vögeln lässt

Und dir geht es ähnlich
du weißt genau
dass jeder andere Mann
es dir genauso gut
besorgen kann

Michals Traum

Ich bin eine Reisende durch die Zeit
mein Ziel ist die Unendlichkeit
nichts darf ich besitzen
allein die Erinnerungen
in meinem Herzen: Die Vergangenheit

Wenn der Schnee – so kalt und weiß
die grünen Fichtenwälder tüncht
wenn das Eis – so übermächtig
Blumen an die Fensterscheiben malt
wenn die Nacht – so unendlich schwarz
ihre Schatten auf die Erde legt
wenn die Winde – so unaufhörlich
singend durch die Lande rasen
träume ich von dir!

Und ich bin glücklich
in diesen einsam-kalten Winternächten
denn der Traum
gibt mir dein Bild zurück
lässt mich deiner Stimme lauschen
schenkt mir Stunden der Freude
und das Du
an der wunden Stelle meines Herzens
gibt mir die Kraft
auf meinem hoffnungslosen Weg

Mein Brennen brennt

Mein Brennen brennt
nur mühsam folgt die Feder ihrem Weg

Mein Brennen brennt
wirr in meinem Ich

Mein Brennen brennt
zähes Würgen

Mein Brennen brennt
nach dir

Meine Heimat

Meine Heimat ist dort
wo Palmen wachsen
und Zinn in tiefer Erde
meerumtobt
und sommerkühl
und wintermild
das Leben gleitet
ohne Hatz

Meine Heimat ist dort
wo ich einst
mein Herz verlor

Meer der Leidenschaft

Ich liege in deinen Armen
geborgene Wärme
spüre dein Herz
samtweiche Haut

Ich atme dich ein
tief in meine Bronchien
sommerfrischer Duft
der meine Nase streichelt

Ich küsse deine Lippen
honigsüßer Tau
unter Deiner Zunge
unendlicher Quell

Wir sinken ein
im Meer der Leidenschaft
lauteres Bad
das alle Wunden heilt

Liebestroika

Du hast das Feuer entzündet
lodernder Brand
ich stehe in Flammen
glutrotes Begehren
und lustvolles Beben
erregender Tanz
mit dem Vulkan
Lass uns verbrennen
mit Haut und Haaren
Lass uns verglühen
ganz innig
vereint
Da ist ein Verlangen
nach deinen Lippen
der Wunsch
nach zärtlichen Händen
und lieblichen Worten
so süß wie der Tod
Es sehnt sich die Nase
nach deinen Gerüchen
ich flehe
nach deiner Stimme Klang
da ist nur noch
ein Zittern
ein Beben
ein fassungsloses

Glücklichsein

Wir sind versunken im grünen Maienwald
Ganz tief, im Urgrund allen Seins
Hier, wo selten eines Menschen Spur sich findet
spürt man des Lebens Fülle, klar und rein
und fremde Vögel singen ihre Lieder
ein warmes Licht, das hüllt uns ein

Lieber bleib ich allein

Die Frau, die ich liebe
die ich verehre
die ich anbete
die Schönste
die Klügste
die sitzt daheim

und ich lass sie warten
jeden Abend
jede Woche
jedes Jahr

Lieber sitz ich im Wirtshaus
und spiele Karten
trinke mein Bier
Lieber trag ich mein Geld
zu schmuddligen Dirnen
verkauf meine Seele
Lieber bleib ich allein

Liebe

Der Himmel brennt
die Sterne glühen
Sonne versinkt
im kochenden Meer
Die Welt
ist
nur
noch
Ich und Du!

Leere

Ich fühle den Schmerz
als hätte ich etwas verloren
pechschwarze Leere
eiskalter Griff

Ich fühle die Leere
das beinharte Schweigen
endloses Warten
verzweifelte Suche
einsame Trauer
Nun wird mir klar
ich habe nichts verloren
nur den leeren Platz
bemerkt
neben mir

Komm!

Komm zu mir kleine Blume
komm zu mir und halte mich fest
Die grauen Tage liegen hinter mir
die waren sonnenfern
und sommerarm

geschundene Leere
ohne Mut
und ohne Ziel
Die grauen Tage liegen hinter mir
jetzt kannst du kommen
denn ich bin nicht mehr blind
und nicht mehr taub
nicht mehr kalt
und tot
Komm zu mir und halte mich fest
und folge mir
bis tief in grüne Wälder
wo die Zeit still steht
Komm
hab keine Angst
folge mir
ins ferne Land
dort wo die Elfen singen
ganz weltvergessen
geheimnisvoll
und wundersam
sonnensatter Traum
herzerfüllt
magische Poesie

Klettern

Steche würgen
Ringe wallen
Zenge, Glech
Zerfleckt!

Glas
Verglast
Last
Lust
Tun!

Winge
Winge
Winge
Luft!

Du!

Im Schatten der Venus

Ich kenne dich nicht
du fremdes Wesen
geheimnisvoll – tief purpurne Nacht

Einsam führt mein schmaler Pfad
verworren durch ein weites Feld
doch unaufhaltsam
laufe ich
durch brennendes Land
versuche
das Wasser zu finden

Ich kenne dich nicht
du fremdes Wesen
geheimnisvoll – im Schatten der Venus

Hyazinth

Der Wind weint Tränen der Finsternis
die Nacht ist angebrochen
das Leben war voll grauer Leere

Bitte
beiß mich!

Der Wind weint Tränen
Dornen
wuchern auf meinem Grab

Bitte
beiß mich!

Der Wind weint
um mich herum
endloses Schweigen

Geduld

Die Nebel sind verzogen
weggefegt vom milden Morgenlicht
die alte, liebe Sonne
strahlt auf dein Gesicht

Ein klares Bild
ganz ohne Schatten
und doch so weit entfernt

Und meine Träume schweben
hin zu dir ins ferne Land
dich endlich zu berühren
den Weg zu gehen
Hand in Hand

Geborgenheit

Breite aus über mir die schützenden Schwingen
des Friedens
der Stille
des Trostes
der Liebe

Breite sie aus, deine wärmenden Schwingen
und schenke mir
eine kleine Zeit
des Glücks

Frühlingsmorgen

Ein warmer Strom durchflutet mich
ein süßer Duft der Frühlingsnacht
ein weiches Licht aus fernen Welten

Ein leiser Ruf hallt durch das Land
ein atemloses Zittern

Und fern
am Horizont
nur
vage Schatten
müdes Trugbild
nur
Illusion?

Gespannte Stille
gebannter Blick
dort
am leuchtend roten Morgenhimmel
ich seh ihn kommen
Der schwarze Adler fliegt!

Frühling

Frische kühle Frühlingsbrise
lauer Wind, Gewittersturm
reinigt meinen Geist und meine Seele
fegt den alten Staub hinaus

Lass mich dich
du Frühlingssonntagsmorgenwind
tief
in meine Lungen saugen
hülle mich ein
mit deiner Macht
trage mich
auf goldnen Schwingen
nimm mich mit
ins Paradies

Erwachen

Die Worte fließen in goldenen Wogen
durch Täler des Schweigens
der Einsamkeit
Die Worte sie strömen
erquicken die Seele
benetzen das Land

Und schau
der Schwarze Adler
schon lange verloren geglaubt
zieht wieder seine Kreise

Und glutrotes Blühen
verzaubert
die Welt

Das Glück

Ich fand das Glück
lustvoller Scherz – die Göttergnade
Ich fand das Glück
als ich den Drachen erschlug
die Tränen der Bitternis trank
heimatlos die schwarze Erde aß
Ich fand das Glück
in sengender Sonne
lustiges Lied im eiskalten Wind
regendurchnässt in einsamer Nacht
Ich fand das Glück
den treuen Freund
die liebe Frau
heimatliches Schloss
Ich fand das Glück
den Tod auf Raten
schmerzhafte Not
und ewigreiche Weisheit
Ich fand das Glück
lustvoller Schmerz – die Göttergnade

Blutrote Dunkelheit

Wie kann ich dich jemals lieben
du fremde, geheimnisvolle Schönheit
Wie kann ich wissen, ob du mich liebst
und wie lange kann eine Liebe denn bestehen?

Am Anfang reizt das Neue
Unbekannte
Verführung
Lust
Doch wenn aus Begehren Langeweile wächst
wenn man überfüllt des anderen
unbefriedigt vegetiert
wenn das liebe Lächeln
zur entstellten Fratze wird
die sanfte, weiche Stimme
rau und grell ertönt
wenn das Tun und Handeln,
das zunächst begeistert hat
zur Unerträglichkeit sich steigert

Wenn ich Deine Launen nicht länger
ertragen mag
Wenn ich mich vom einst prallen, jungen
Körper angewidert abwende?

Oder wenn du ein Verbrecher bist
ein Psychopath?

Kenne ich denn deine Vergangenheit
Vielleicht wirst du mich ermorden
während ich friedlich neben dir schlafe
Vielleicht mich vergiften
Vielleicht meine Seele zerstören
Vielleicht bin ich ein Mörder.

Nur wenn ich lüge
Nur wenn ich schweige
Nur wenn ich vergesse
kann ich jemals lieben.

Am Ende des Wegs

Am Ende des Wegs
wenn du glaubst
alle Träume sind verloren
Am Ende des Wegs
wenn du wünschst
Du wärest nicht geboren
Am Ende des Wegs
wenn dich nur mehr Dunkelheit umschließt
Am Ende des Wegs
wenn das Blut in deinen Adern nicht mehr fließt
und du hinaus schwebst
in die Unendlichkeit der Nacht
dann vertraue auf die Liebe
die dich alle Zeit bewacht

Du mein Mädchen
liebe Braut
ich weiß, dass deine Liebe
so kostbar und rein
ein Feuer in meinem Herzen ist
und ein scharfes Schwert
das meine Feinde vernichtet

Und ich bin froh
die Erinnerung
an die Liebe
in mir zu tragen

So werde ich
am nächsten Morgen
wenn der Nebel aus den Wiesen kriecht
tanzend auf den Sonnenstrahlen
der Ewigkeit
entgegenzieh'n

Schattenwelt

Besiegt

Peitschend treibt der kalte Wind
Wolken übers Land
Krieger, die vor Hass ganz blind
halten Schwerter in der Hand
Die Sonne zuckt noch, leise sterbend
durch das erste Grau
die Dirne, um den Freier werbend
still lächelnd, weiß es ganz genau
Schon drohen Donner, tosen Regen
hilflos sinkt das weiße Schiff
Verrat grinst frech auf allen Wegen
die Welt in dunkler Mächte Griff

Das Licht der Nacht

Das Licht der Nacht ist über uns gekommen
Der Schein ist bunt
und voller grauer Bilder
wir sitzen hier
in unserem selbsterschaff'nen Nest
    aus Plüsch und Gold
und lachen bittersüß

Und wenn du mich fragst
mein Kind
nach Wahrheit und nach Wirklichkeit
antworte ich dir:
„Es geht mir gut,
sieh doch der Lichter Glanz."

Und ich schärfe mein Lächeln
und tanze
einsam in die Nacht hinaus

Die Erstgeborenen

Wir Erstgeborenen
im Land der eisernen Kreuze
haben es schwer
Wir Erstgeborenen
schweben auf stählernen Dornen
durch
und durch
Wir Erstgeborenen

Wir Erstgeborenen
sind unter uns
schmieden den Dolch
denn wir
sind die Erstgeborenen

Endzeit

Du stehst vor mir
mit tränengeschwängerten Augen
und rotem Gesicht
kalter Wind pflügt durch dein Haar
und die Schuld, die man auf dich geladen hat
kannst du niemals tragen

Du stehst vor mir
geschundene Seele
erbärmlich
und einsam
als wärst du schon tot

Du stehst vor mir
kein Versteck kann dich schützen

Du stehst vor mir
ganz allein

Feennacht

Des Pfauen Ruf durchdringt die Nacht
zerreißt die Stille – schauderhaft
des schönen Vogels Klagelied

Der müde Pilger legt sein Haupt
auf einen weißen Fels
dort, wo der Quell erwacht

Im dichten Nebel, grau und kalt
lebt ein kleines Licht
je mehr du suchst, wirst du es verlieren
doch wenn du schläfst
und friedlich ruhst
versinkst
vergisst
wird es dich
vielleicht
finden

Der Wald ist grün
die Nebel schleichen
Welt ist verloren

Und langsam dreht die Erde sich
ein heller Streif am Horizont
die Sonne naht – der Tag beginnt
und du erwachst

Du schaust dich um
Wo ist der Wald?
Wo ist der Fels?
Wo ist der Quell?
Wo ist der Pfau?

Und plötzlich merkst du
du bist allein auf dieser Welt
und mühsam versuchst du
etwas zu hören
etwas zu sehen

Nein!
Da ist nichts!

Nur des Pfauen Ruf
schmerzt in deinen Ohren

Gas II

Das Gas
die Welt mit schnellen Schritten
eilt
ins vage Nichts
Das Gas
müde schleicht der schwache Geist
besiegt
in sein Versteck
Das Gas

Der Schaffner schweigt
der Wagen rollt
führerlos
dahin

Grenzland

Am Anfang war die Glut
ganz tief im Innersten verborgen
Am Anfang
weit vor dem Beginn
Am Ende stirbt der Mut
bleibt Leere
ohne Hoffnung, ohne Sinn
Und dazwischen
nur vager Traum
nur falsche Illusion

Hoffnungs-Los

In meinen Träumen wuchsen mir Flügel
stieg ich hoch zum Himmel hinauf
In meinen Träumen erklomm ich den Hügel
sah staunend ins Tal, sog Freiheit auf

In meinen Träumen sah ich ein Mädchen
so nah, so schön, so engelsgleich
In meinen Träumen liebte mich Gretchen
nahm meine Hand, oh wie war ich reich

Am Morgen ist es grau und kalt
Regen schlägt in mein Gesicht
Nebel schleicht sich in mein Herz

Am Morgen muss ich tief ins dunkle Loch
kein Licht, nur schlechte Luft
und keine Hoffnung

Hölle

Die lange Reise fand ihr Ende
tief in des Schreckens Labyrinth
ein hoffnungsvoller Marsch ins Licht
führte bis ins Nichts der Hölle

Hier ist es
finstre Nacht und kalt
und tausend Teufel schweben über mir
die
fressen meine Seele

Igereth

Wenn die Nacht fällt übers Land
und alles friedlich ruht
und die Wunden des Tages
    nicht mehr zu erkennen sind
Wenn die Straßen menschenleer
und die Wirtshäuser geschlossen sind
und die Verlassenen noch einsamer als sonst
kommt die Verführerin
schleicht sich in ihre Gedanken
zieht uns
immer tiefer
und tiefer
hinab

Im Griff der Zeit

Tage sie fließen in stoischer Ruhe
Stunde um Stunde an uns vorbei
kommen und gehen
ohne Anfang, ohne Ende
wir sind gefangen
im eisernen Griff der Zeit!

Neue Welt

Die Tage des Adlers liegen hinter mir
zerstoben
wie Staub im Wind
die Menschen weinen keine Tränen mehr
Yasemin schläft in den weißen Wolken
Victoria diktiert im 12. Stock

Dort unten liegt die neue Welt
mitternachtsfern
im aschfahlen Licht
Menschen wie wir haben Platz in den Lüften
dort, wo die Enge nicht quält
die Engel werden nicht mehr gebraucht

Zeitlos

Zeit schwebt sanft
durch Tag und Nacht
von Jahr zu Jahr
fließt immerwährend weiter

Und du sitzt da
in deinem Traum aus Sand
und kannst nicht ahnen
was morgen kommen mag

Das Jetzt, das Heute
den süßen Kuss des warmen Glücks
kannst du nicht fassen
unendlich kleiner Augenblick und schon
Vergangenheit

So bleibt dir nur das ferne Gestern
die bald verblassten
grauen, namenlosen Bilder
tief in deines Herzens Grund

Israel

Yad Hashmona

Du fremdes, unbekanntes Land
Welt des Traums, der Illusion
flackernd Schatten an der Wand
tief im Sumpf der Konfusion

So fern der Sehnsucht meiner Selbst
versunken im Mysterium
gefangen in der heilen Welt
allein im Auditorium

Aus dem Norden
kommt die Königin
so groß
so schön
so klug
Lange Zeit im Land des Südens
und nun
vermisst, verschleppt, vergessen

Brennende Augen, keine Tränen mehr
meine Hände festgebunden
hoffend wünsche ich so sehr
ich hätte dich wieder gefunden

Wenn der schwarze Adler wieder fliegt

Die rote Kuh steht friedlich grasend
auf grüner Wiese des Sharon
der warme Wind ruft heftig blasend
der weiße König reitet schon

Der klare Bach durchquert die Wiesen
Felder, Städte und den Wald
der Sonne Glanz lässt darauf schließen
freuet euch, denn Er kommt bald

Im grünen, tiefen, weiten Meer
nach langem Kampfe hoffnungslos
ertrank der Drache und sein Heer

Die Väter sprachen: Er wird besiegt
Wir wussten's alle
Wenn der schwarze Adler wieder fliegt

Tu B'Shevat

Wo früher graue Wüste war
Trockenheit, nur Staub und Wind
Totenfeld in blutgetränkter Erde
wächst nun
der Freiheit grüner Baum

Im Schutz der weiten, stillen Wälder
entsteht das neue Leben
ein klarer Bach
ein kühler Schatten
und reine Luft
sind nun die wohlverdiente Ernte
im kleinen Reich
der süßen Traurigkeit

So lasst uns nun
Millionen Bäume pflanzen
macht diese Erde
erneut zum Land
wo Milch und Honig fließt

Jerusalem

Ferne
Fremdheit
Finsternis
enge, ungekannte Welt

Haltlos
Hilflos
Hoffnungslos
Kälte – angstumwoben

große Stadt
mit vielen Straßen
Labyrinth der Religion
wo Fragen beißen
Gewissheit irrt
und Hass regiert

Doch plötzlich
auf dem Dach
Ruhe
Stille
Frieden
ärmlich
glücklich
schön
Hier ist Gott!

Und der Engel
heimatnah....
Sieh
die Anmut
der Glanz
das Leben.
Niemals werde ich dies vergessen.

Traumzeit

Nach der Sonnenfinsternis

Ich will nicht mehr länger auf
　　Wolken schweben
nicht gleiten auf purpurnem Licht
Ich habe genug der türmernen Schlösser
verblassender Traum, das Ende in Sicht

Es tut mir leid
nicht um mich
nein – leid für die vielen Getäuschten
die dachten, das Märchen beginnt
nicht sehend die Zeichen am Himmel
die zeigen, die Traumzeit verrinnt

Nun ist es Morgen, ich sehe klarer
zu klar, um ehrlich zu sein
kommt zu mir ihr Sonnenfelltiere
lasst mich nicht länger allein

Oleander

Auf grünen Wiesen
bricht
das Licht
Rote Kirschen
Traum in
weiß
Ein Schmetterling
versinkt
im Sumpf
der Zeit

Septemberregen

Jetzt ist der Hebst gekommen
stürmisch und ungefragt
als hätte jemand eine Liebe verloren
weinender Himmel – einsame Nacht

Jetzt ist der Herbst gekommen
der Regen wischt den Sommer weg
und Dunkelheit kriecht übers Land
Bilder verschwimmen – Erinnerung verblasst

Doch morgen früh
bevor die Amsel singt
beginnt der Tag
mit herrlich frischer Luft

Sommerhauch

Geheimnisvolle Zeichen winken
der Himmel bunte Farbenpracht
leuchtend rote Sterne sinken
Märchenglanz der Frühlingsnacht

Schicksalsschwere Töne klingen
des Lebens großes Festtagsspiel
tausend Elfenchöre singen
ewigliches Menschheitsziel

Ein Sommerhauch
ein leiser Ruf
ein weiches Wunder-voll Geschick

Ein Sommerhauch
ein süßer Duft
ein stundenlanger Augenblick

Träume zu verschenken

An dem Tag
als die Sonne das Lächeln vergaß
An dem Tag
als Lisa in den Bäumen saß
An dem Tag
als ich gerade mein Butterbrot aß
und dabei verschlafen in der Zeitung las

„Träume zu verschenken"

musste ich an Lisa denken.
Welche Welt
in der wir leben.
Kalt und lieblos
nur das Streben
nach Macht und Geld.

Und die Kinder?
Die, die niemals zu träumen lernten
weil sich ihre Väter
nicht zu ihren Träumen bekannten
sie gar Frucht des Wahn benannten
und aus ihrem Herz verbannten.

Ach Lisa
bleib immer in den Bäumen sitzen
und bringe die Sonne zum Lachen

Traumzeit II

Ich hatte einen Traum
lag schlafend unter Vaters Apfelbaum
husch, husch
umringt von grünen Elfen

Neue Wege

Wortspiele

Wir spielen ein Spiel
ein Spiel mit Worten
eindrücklich, einfühlsam, einkreisend
tief an der Oberfläche
unscheinbar – noch

Wir spielen ein Spiel
ein Spiel mit Worten
aneinandergereiht, innig verwoben, verworren
unendlicher Strom
gewaltige Fluten

Wir spielen ein Spiel
ein Spiel der Worte
doch eigentlich
spielen die Worte mit uns
Vielleicht?

Unbemerkt

Es geschah zu der Zeit
als selbst die Geschwätzigen schwiegen
in mondheller Nacht
im südlichen Land

Es geschah
unbemerkt
als jeder noch
mit dem Erschrecken kämpfte

Prolog

Jahre zogen ins Land
grimmig und kalt
denn die Sonne verbarg ihr Gesicht
ungezählte Jahre
Zeit des bleiernen Schweigens
schattenlose Dunkelheit

Und dennoch fliehen täglich
hoffnungsfrohe Wünsche himmelwärts
und irgendwann
durchbricht ein Feuer
die Mauern der Einsamkeit

Ostern

Am Morgen,
    wenn der Nebel aus den Wiesen kriecht
aufsteigt – der Sonne entgegen
wenn Tau den Ackerboden tränkt
und die Zeit – für einen Augenblick –
    nicht weiterfließt
ist kurz der Hauch der Ewigkeit zu fühlen

Wir sind Fremdlinge
Gäste nur für ein paar Jahre
Wimpernschlag im Rad der Zeit

Draußen wachsen blaue Blumen
dort im Tal, gar nicht so weit
die will ich dir schenken
Komm mit mir und schau
denn wenn ich sie pflücke
verwelken sie bald

Neue Wege

Ich gehe neue Wege

so süß
so sanft
so sicher unerlaubt
 unerkannt
 unbestimmt
 unendlich weit
      wohin
      wer weiß ...

Millennium

Vorbei sind die stählernen Tage
sie bleiben im Dunkel des Gestern zurück
gewaschene Seele durch salzige Tränen
geläutert, gewachsen – ich wünsch dir viel Glück

Ich putze

Ich putze
Ich putze
Ich
putze
...
schon bald
glänzt
meine Traurigkeit

Brennen

Da brennen die Steine
draußen im erdlosen Feld
wo einst nur eisiges Schweigen war
Da brennen die Steine
glutrotes Leuchten
geborstenes Grau
Die finsteren Tage
pechschwarzes Frösteln
die stechen nicht mehr
Da brennen die Steine
hilfloses Sinken
in süßeste Flut

Wirf die Skrupel über Bord
scheiß
auf die Konvention!

Advent IV

Dezembervollmondmitternacht
weiß liegt Schnee
auf müder Erde
klarer Himmel, Sternenlicht
die Wälder singen
leise Weihnachtslieder

Mein Herz lauscht stille
und
beginnt
zu
leuchten!

Das Ende
ist der
Neubeginn

Durchgang

Am Ende meiner langen Reise
da lieg' ich still in meinem Grab
nach Schweiß und Mühen langer Wanderschaft

es war kein Berg zu hoch
kein Tal zu tief
kein Ozean zu weit

doch das liegt alles hinter mir
Freud und Leid und Glück und Schmerz
Unzahl gebroch'ner Herzen

Jetzt ruht alles still

Doch über zähen Nebeln, grauen Wolken
dicht um dicht
erstrahlt ein endlos blauer Himmel
und tausend Sterne leuchten in der Nacht

Ich liege hier
sanft eingebettet
ein neues Ziel
die andere Welt

Es ist noch lange nicht vollbracht!

Nachwort

Vielfach wurde ich in den vergangenen Jahren gefragt, ob ich nicht auch meine Gedichte veröffentlichen wollte. Nun hat Lyrik einen ganz anderen Stellenwert als ein Roman, der lediglich zur Unterhaltung dient. Und manch einer mag vielleicht recht ratlos vor dem einen oder anderen Gedicht sitzen. Dennoch habe ich mich nun entschlossen, eine kleine Auswahl meiner Gedichte aus den vergangenen 30 Jahren in ein Buch zu packen. Herausgekommen ist eine Melange unterschiedlichster Gedichtformen, in der Regel modern mit zum Teil expressionistischen Anklängen und einem Hauch Klassik.

Ich wünsche Ihnen viel Spaß beim Lesen, Interpretieren – falls so etwas nötig erscheint oder gar möglich ist – oder einfach dabei, den Staub vom Buchrücken zu blasen.

Einen ganz herzlichen Dank möchte ich Carla Gromann aussprechen, die beim Layout auf eine besondere Gestaltung bedacht war.

Ralf Göhrig, im Juli 2014

www.tredition.de

Über tredition

Der tredition Verlag wurde 2006 in Hamburg gegründet. Seitdem hat tredition Hunderte von Büchern veröffentlicht. Autoren können in wenigen leichten Schritten print-Books, e-Books und audio-Books publizieren. Der Verlag hat das Ziel, die beste und fairste Veröffentlichungsmöglichkeit für Autoren zu bieten.

tredition wurde mit der Erkenntnis gegründet, dass nur etwa jedes 200. bei Verlagen eingereichte Manuskript veröffentlicht wird. Dabei hat jedes Buch seinen Markt, also seine Leser. tredition sorgt dafür, dass für jedes Buch die Leserschaft auch erreicht wird.

Autoren können das einzigartige Literatur-Netzwerk von tredition nutzen. Hier bieten zahlreiche Literatur-Partner (das sind Lektoren, Übersetzer, Hörbuchsprecher und Illustratoren) ihre Dienstleistung an, um Manuskripte zu verbessern oder die Vielfalt zu erhöhen. Autoren vereinbaren unabhängig von tredition mit Literatur-Partnern die Konditionen ihrer Zusammenarbeit und können gemeinsam am Erfolg des Buches partizipieren.

Das gesamte Verlagsprogramm von tredition ist bei allen stationären Buchhandlungen und Online-Buchhändlern wie z. B. Amazon erhältlich. e-Books stehen bei den führenden Online-Portalen (z. B. iBook-Store von Apple) zum Verkauf.

Seit 2009 bietet tredition sein Verlagskonzept auch als sogenanntes "White-Label" an. Das bedeutet, dass andere Personen oder Institutionen risikofrei und unkompliziert selbst zum Herausgeber von Büchern und Buchreihen unter eigener Marke werden können.

Mittlerweile zählen zahlreiche renommierte Unternehmen, Zeitschriften-, Zeitungs- und Buchverlage, Universitäten, Forschungseinrichtungen, Unternehmensberatungen zu den Kunden von tredition. Unter www.tredition-corporate.de bietet tredition vielfältige weitere Verlagsleistungen speziell für Geschäftskunden an.

tredition wurde mit mehreren Innovationspreisen ausgezeichnet, u. a. Webfuture Award und Innovationspreis der Buch-Digitale.

tredition ist Mitglied im Börsenverein des Deutschen Buchhandels.

FSC
www.fsc.org

MIX

Papier | Fördert
gute Waldnutzung

FSC® C083411

Zeitfracht Medien GmbH
Ferdinand-Jühlke-Straße 7
99095 Erfurt, Deutschland
produktsicherheit@kolibri360.de